P R O V E N C E

*»Die Luft war ruhig, und der würzige Duft der Hügel
erfüllte wie ein unsichtbarer Dunst die Schlucht.
Thymian, Lavendel und Rosmarin mischten sich mit dem Geruch des goldgelben Harzes,
dessen lange, unbewegliche Tränen wie Glas auf dem lichten Schatten
der schwarzen Baumrinde glänzten.
Ich marschierte lautlos in der Stille dieser Einsamkeit.«*

(Marcel Pagnol)

PROVENCE

Bilder von
Christian Heeb und
Jürgen Richter
Texte von
Ralf Nestmeyer

Stürtz LOOK

INHALT

Die Ockerbrüche von Roussillon sind eine wahre Freude für das Auge. Die natürliche Farbpalette reicht von sanften Ockertönen bis hin zu leuchtend roten Erdschichten.

Titelseite:
Lavendelfelder sind unverwechselbarer Bestanteil der Provence.

Rücktitel:
Die weißen Pferde der Camargue.

Seite 1:
Märchenhafte Szenerie: Glitzernde, von Tau behangene Gräser in den Ockerbrüchen "Colorado" nahe bei Roussillon.

Seite 2/3:
Die relativ kleinen, aber sehr ausdauernden Camarguepferde können die Nüstern schließen und sich daher auch von Gräser ernähren, die unter der Wasseroberfläche wachsen.

Die helle Kuppe des Mont Ventoux entpuppt sich aus der Nähe als kahles Geröllfeld.

Im Osten und Westen von Les-Saintes-Maries-de-la-Mer erstrecken sich kilometerlange Sandstrände.

Die palmengesäumte »Croisette« ist nach wie vor das Aushängeschild von Cannes.

Die Dominikanerkirche Saint-Madeleine in Saint-Maximin-la-Saint-Baume ist die größte der wenigen gotischen Kirchen in der Provence.

EINE GROSSE WELT IM KLEINEN

„Selbstverständlich lieben Sie die Provence. Aber welche Provence?" (Colette)

Provence - ein Name, der Träume und Assoziationen weckt: Platanenbeschattete Dorfplätze und mediterrane Lebensart, der Duft von Lavendel, Thymian, Rosmarin und wildem Knoblauch; Provence, das ist urbane Vielfalt nebst Einsamkeit der Hochebenen, mystische Olivenhaine im stummen Dialog mit ertragreichen Obstgärten. Nicht zu vergessen: das sprichwörtliche Licht der Provence, das die Maler seit den Zeiten von Cézanne und van Gogh zu verzücken weiß; dieses helle, alles durchflutende Licht versöhnt die Gegensätze der provençalischen Landschaft, schafft ein "Imperium der Sonne" wie Frédéric Mistral, der große Erneuerer der provençalischen Sprache, einmal geschrieben hat. Und fürwahr, dieses Sonnenimperium präsentiert sich keineswegs als einheitliches Gebilde: Da existiert das Vogelparadies der Camargue mit ihren paradiesischen Sandstränden neben der Industrieregion von Fos und der zerklüfteten Steilküste von Cassis; der schroffe Gipfel des Mont Ventoux grüßt die berühmten Weinstöcke von Châteauneuf-du-Pape, und die weltabgeschiedenen Täler der Haute-Provence bilden einen kaum zu übertreffenden Gegensatz zur quirligen Côte d'Azur.

Tafelfreuden à la provençal.

Seite 6/7: Die Ockerbrüche von Roussillon sind eine wahre Freude für das Auge. Die natürliche Farbpalette reicht von sanften Ockertönen bis hin zu leuchtend roten Erdschichten.

Savoir-vivre

Von dem lieblichen Küstenabschnitt zwischen Marseille und Menton und seinem zugehörigen Hinterland muß schon in Urzeiten eine besondere Anziehungskraft ausgegangen sein; nicht umsonst gehört die Region zu den ältesten Siedlungsgebieten der Menschheitsgeschichte. An dieser Faszination hat sich bis heute nichts geändert: Nirgendwo sonst in Frankreich wird die Kunst des "Savoir-vivre" mit solcher Inbrunst zelebriert wie in der Provence. Man denke nur an die provençalischen Tafelfreuden oder schlendere über den überaus bunten Markt von L'Isle-sur-la-Sorgue. Am Nachmittag oder frühen Abend zeigt sich auf fast jedem halbwegs geeigneten provençalischen Platz ein ähnliches Bild: Im Schatten der Platanen werfen Pétanquespieler ihre Kugeln nach dem "Schweinchen" (cochonnet). "Pétanque

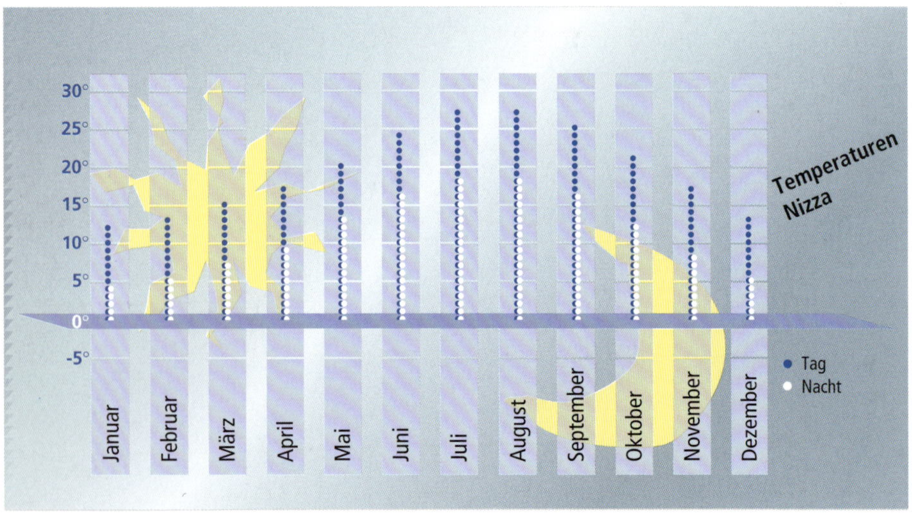

Die Provence hat zwar selbst keine großen Käsesorten hervorgebracht, dennoch wird eine üppige Käseauswahl zu jedem Menü gereicht.

ist das schönste Spiel, das Menschen je erfunden haben", schwärmte der französische Schriftsteller und Filmregisseur Marcel Pagnol vom Lieblingssport der Provençalen, der unsachgemäß oft auch als Boule bezeichnet wird. Genau betrachtet, steht weniger der Wettbewerb als die Geselligkeit im Zentrum des Spiels. Seit den Zeiten von Alphonse Daudets "Tartarin von Tarascon" gilt der typische Provençale als eitel und prahlerisch, bauernschlau und humorvoll. Darin steckt ein wahrer Kern, wenngleich sich auch nicht alle Einwohner einer Region über einen Kamm scheren lassen.

Wo beginnt die Provence? Wer durch das Tal der Rhône dem Süden Frankreichs entgegen strebt, wird irgendwann von der Heiterkeit der Landschaft angesteckt, **das Blau des Himmels erscheint intensiver,** die Düfte anregender, die Farben heller und leuchtender. Selbst auf der sechsspurigen Route du Soleil kann man sich dieses Eindrucks nicht erwehren. Bürokratische Naturen fühlen sich hingegen erst in der Provence angekommen, wenn sie wenige Kilometer nördlich von Bollène die Grenze zum Departement Vaucluse überquert haben, für Freunde klassischer Altertümer ist dagegen Orange mit seinem antiken Theater die Eingangspforte, während Naturliebhaber sehnsüchtig das erste, blau-violett leuchtende Lavandelfeld erwarten. Für diejenigen, die sich für die Route Napoléon von Grenoble über Gap entschieden haben, ist es einfacher: Die alte Römerstadt Sisteron gilt gemeinhin als das "Tor zur Provence". Und der von steilen Felswänden eingerahmte Durance-Durchbruch von Sisteron ist wahrlich ein würdiges Eingangstor. Nur eines sollte man tunlichst vermeiden: Von der italienischen Riviera aus nach Frankreich zu fahren ist, als würde man das Dessert vor dem Hauptgang ordern.

Das römische Theater von Orange wurde von der UNESCO zum Weltkulturerbe erklärt. In einer Nische der Bühnenmauer grüßt das überlebensgroße Standbild des Kaisers Augustus.

„Sisteron ist wahrlich die Perle der Haute-Provence, eine schwülstige dicke Barockperle, entstanden aus der unermüdlichen Wut eines Wildbaches." (Jean-Louis Vaudoyer)

Bleibt noch der Hinweis auf die ungeklärte Frage, welchem Teil der Küste der Name Côte d'Azur gebührt. Der Dichter Stéphen Liégeard, der 1887 den Begriff "Côte d'Azur" geprägt hatte, beschrieb in seinem Werk den von Menton bis Hyères reichenden Küstenabschnitt. Es besteht Einigkeit darüber, daß die Côte

d'Azur im Osten bei Menton endet. Doch wie weit erstreckt sie sich nach Westen? Für Traditionalisten endet sie bereits in Cannes, doch läßt sich Saint-Tropez aussparen, Hyères vergessen, das bereits Königin Victoria beehrte? Und was ist mit Sanary-sur-Mer und Bandol, wo schon Katherine Mansfield kurte?

Manches Hotel an der Côte d'Azur glänzt versteckt hinter einer üppigen Vegetation.

Gordes - ein provençalisches Bilderbuchstädtchen.

Mehr als eine Provinz

Als Marseille im 2. Jahrhundert vor unserer Zeitrechnung von den Salyern, einem kelto-ligurischen Volksstamm, angegriffen wurde, suchte die griechische Stadt bei den verbündeten Römern um Hilfe nach. Die Römer erkannten mit ihrem ureigenen Instinkt die Möglichkeiten, die ihnen dieser Mittelmeerabschnitt offerierte. Es lockte nicht nur der Gedanke, daß die römischen Kaufleute hier neue Absatzmärkte finden konnten, vielmehr waren die Römer willens, die natürliche Landverbindung zwischen der bereits eroberten iberischen Halbinsel und Italien in ihren Besitz zu bringen. Die Römer überzogen die "Provincia Gallia Narbonensis", die sich zwischen den Alpen und den Pyrenäen entlang des Mittelmeers sowie im Norden bis zu den Cevennen und an den Genfer See erstreckte, mit einem Netz prachtvoller Bauten, die teilweise heute noch erhalten sind. Man denke nur an das Theater von Orange oder den Pont du Gard - zwei prachtvolle Monumente, die zweifellos zu den schönsten römischen Bauten überhaupt gezählt werden dürfen. Keine andere französische Region besitzt mehr Denkmäler aus der römischen Epoche als die Provence; bereits Plinius nannte die Gallia Narbonensis "Italien ähnlicher als eine Provinz". Auch nach dem Untergang des Weströmischen Reiches blieb der hohe kulturelle Stand erhalten: die Provence wurde zu einem Kernland der abendländischen Zivilisation.

Frankreich war lange Zeit kein einheitliches Sprachgebilde. Die Ortsschilder in der Provence erinnern daran, daß neben dem Französischen noch eine andere Sprache existiert (hat). Das Provençalische mit seinen vielen regionalen Idiomen und Dialekten ist eine dem Okzitanischen *(langue d'oc)* zuzurechnende Sprache, die sich nach der Völkerwanderung aus dem Vulgärlatein entwickelte.

»Preise das Meer und bleibe an Land«

Schließlich darf man eine Landschaft nicht vergessen, die eigentlich gar keine Landschaft ist: Das Mittelmeer. Fernand Braudel, einer der renommiertesten französischen Historiker, der die Fachwelt 1947 mit seinem Werk "Das Mittelmeer und die mediterrane Welt in der Epoche Philipp II". begeisterte, charakterisierte die Bedeutung des Mittelmeers für Südfrankreich folgendermaßen: "Sein Leben ist mit dem Land verbunden, seine Dichtkunst mehr als nur zur Hälfte ländlich, seine Seeleute können sich mit dem

Seite 6/7:
Die Ockerbrüche von Roussillon sind eine wahre Freude für das Auge. Die natürliche Farbpalette reicht von sanften Ockertönen bis hin zu leuchtend roten Erdschichten.

Wechsel der Jahreszeiten auch zu Bauern wandeln; es ist das Meer der Weinberge und Olivenbäume ebenso wie das Meer der langrudrigen Galeeren und der Galeonen der Kaufleute, und seine Geschichte läßt sich ebensowenig vom Land, das es umgibt, trennen wie der Ton von den Händen des Töpfers, der ihn formt. ‚Lauso la mare e tente 'n terro' (Preise das Meer und bleibe an Land) lautet ein provençalisches Sprichwort." Wenn vom Wasser die Rede ist, dürfen Rhône und Durance selbstverständlich nicht ausgespart bleiben. Erst diese beiden eminent wichtigen Lebensadern mit ihren Zuflüssen haben die Provence zu einer blühenden Kulturlandschaft reifen lassen; beide waren und sind die Grundlage für die Landwirtschaft und den Handel. Nicht ohne Grund schmücken Vater Rhône und Mutter Durance den Giebel der alten Kornhalle in Aix-en-Provence. Doch trotz der blühenden Felder, ausgedehnten Obst- und Gemüseplantagen kann man sich des Eindrucks nicht erwehren, daß der typische Provençale ein Städter und kein Landwirt ist. Ein weiterer "Bewohner" soll nicht unerwähnt bleiben: Der Mistral. Wenn er über das Land fegt, schwärmte schon Vincent van Gogh, dann "ist das hier freilich alles andere als ein 'mildes Land', denn der Mistral ist sehr aufreizend. Aber wie wird man dafür entschädigt, wenn ein windstiller Tag ist! Welche Leuchtkraft der Farben, welch reine Luft, welch stille Beschwingtheit". Die gewaltige Kraft des Mistral läßt auch keine schiefergedeckten Dächer auf den provençalischen Kirchtürmen zu; daher läuten die Glocken in einem pittoresken Käfig unter dem Himmel.

Mit Böen bis zu 100 Stundenkilometern sorgt der Mistral im Winter für plötzliche Abkühlung, im Sommer mildert er die starke Hitze und macht den Golf du Lion zu einer der stürmischsten Regionen der Welt.

In Dieulefit, am Ufer des Jabron, haben sich zahlreiche Töpfer niedergelassen.

Seite 12/13: Skurrile Felsformation bei La Ciotat. Fast könnte man meinen, im nordamerikanischen Arches National Park zu sein.

Kein anderer Baum ist so kennzeichnend für die mediterrane Kulturlandschaft wie der archaische Olivenbaum. An diesen manchmal 1000 Jahre alten, verknöcherten Exemplaren reifen noch immer prächtige Oliven heran.

Die rote Dächerlandschaft von Roquebrune, ein scheinbar planlos durcheinandergewürfeltes Puzzle, glänzt unterhalb des Châteaus in der Sonne.

Die Provence ist ein blühender Garten Eden: Ob Oliven, Aprikosen oder Lavendel, auf dem provençalischen Boden scheint alles ein wenig üppiger zu gedeihen als anderswo.

Essen, Trinken, in einem Straßencafé entspannen - die an sich einfachen Dinge des Alltags werden in Südfrankreich groß geschrieben.

Seite 19: Zwar sind die Fanggründe des Mittelmeers nicht mehr so reich wie vor hundert Jahren, doch noch immer gibt es ein enormes Angebot von fangfrischem Fisch allmorgendlich auf den Marktständen - im Vordergrund ein prächtiger Schwertfisch.

ESPADON
1kg
140,00F

(Exil-)Hauptstadt der deutschen Literatur

Als Fritz Landshoff, der literarische Leiter des auf deutschsprachige Exilliteratur spezialisierten Amsterdamer Querido Verlags, sich im Sommer 1933 aufmachte, um Autoren zu gewinnen, fuhr er nicht etwa nach Paris, London, Prag oder Wien, sondern in ein verschlafenes, kleines Fischerdorf an der französischen Mittelmeerküste unweit von Toulon: Sanary-sur-Mer. Und Landshoff wußte warum: Sanary-sur-Mer war, wie Ludwig Marcuse später schreiben sollte, "eine Zeitlang die Hauptstadt der deutschen Literatur". Landshoff hatte mit seinem Anliegen Erfolg: Heinrich Mann, Lion Feuchtwanger, Ernst Toller und Arnold Zweig sagten ihm spontan ihre Mitarbeit zu. Seit ein paar Monaten war Sanary zu einem begehrten Domizil der aus dem nationalsozialistischen Deutschland vertriebenen Literaten geworden. Zu Dutzenden trafen sich deutsche Schriftsteller in den Cafés am Hafenkai von Sanary wieder. Marcuse kam hierher durch Vermittlung von Hermann Kesten. René Schickele zog in die Nachbarschaft seines in der Nähe von Sanary ansässigen Freundes, des Kunsthistorikers Julius Meier-Graefe; auch Franz Werfel und Alma Mahler-Werfel suchten von Meier-Graefes aus eine Bleibe; Thomas Mann ließ sich den Ort wiederum von Schickele empfehlen, während sein Bruder Heinrich hier seinen Freund Wilhelm Herzog traf...

Der Schriftsteller, der am meisten mit Sanary-sur-Mer verbunden war, ist Lion Feuchtwanger. Sieben Jahre lang hat der auflagenstärkste deutschsprachige Schriftsteller der dreißiger Jahre mit seiner Frau Marta hier gelebt. Seine wichtigen Exilromane "Die Geschwister Oppermann" und "Exil" sind in Sanary entstanden. Sein Nachbar Aldous Huxley vergnügte sich allmorgentlich damit, durch sein Fernglas zu beobachten, wie Lion Feuchtwanger in der Badehose, "angefeuert und kontrolliert" von

Wie ihr Vater, Thomas Mann, verbrachten die Geschwister Erika Mann und Klaus Mann die erste Zeit des Exils in Sanary-sur-Mer.

Oben: Lion Feuchtwanger erlebte die Machtergreifung Hitlers in den USA und gelangte von dort über Österreich in sein südfranzösisches Exil.
Mitte: Franz Werfel emigrierte 1938 nach Frankreich.
Unten: Nach einer Zugreise vom Thuner See trafen Arnold Zweig und seine Frau Beatrice am 19.6.1933 in Bandol ein, Lion Feuchtwanger erwartete sie am Bahnhof.

Der Querido Verlag war bis zur Besetzung der Niederlande der wichtigste Verlag der deutschen Exilliteratur.

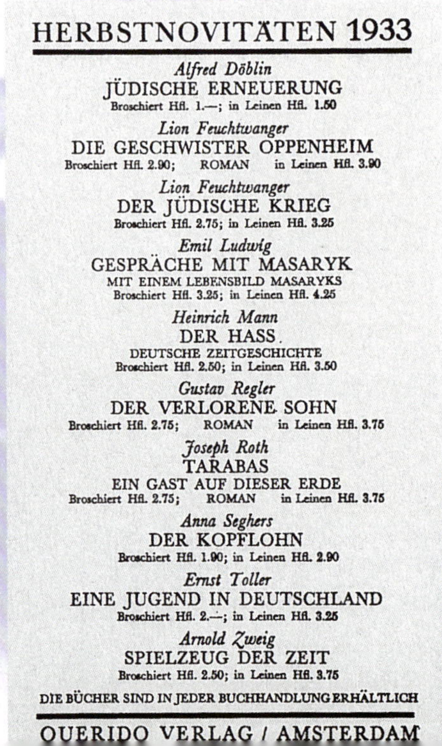

HERBSTNOVITÄTEN 1933

Alfred Döblin
JÜDISCHE ERNEUERUNG
Broschiert Hfl. 1.—; in Leinen Hfl. 1.50

Lion Feuchtwanger
DIE GESCHWISTER OPPENHEIM
Broschiert Hfl. 2.90; ROMAN in Leinen Hfl. 3.90

Lion Feuchtwanger
DER JÜDISCHE KRIEG
Broschiert Hfl. 2.75; in Leinen Hfl. 3.25

Emil Ludwig
GESPRÄCHE MIT MASARYK
MIT EINEM LEBENSBILD MASARYKS
Broschiert Hfl. 3.25; in Leinen Hfl. 4.25

Heinrich Mann
DER HASS.
DEUTSCHE ZEITGESCHICHTE
Broschiert Hfl. 2.50; in Leinen Hfl. 3.50

Gustav Regler
DER VERLORENE SOHN
Broschiert Hfl. 2.75; ROMAN in Leinen Hfl. 3.75

Joseph Roth
TARABAS
EIN GAST AUF DIESER ERDE
Broschiert Hfl. 2.75; ROMAN in Leinen Hfl. 3.75

Anna Seghers
DER KOPFLOHN
Broschiert Hfl. 1.90; in Leinen Hfl. 2.90

Ernst Toller
EINE JUGEND IN DEUTSCHLAND
Broschiert Hfl. 2.—; in Leinen Hfl. 3.25

Arnold Zweig
SPIELZEUG DER ZEIT
Broschiert Hfl. 2.50; in Leinen Hfl. 3.75

DIE BÜCHER SIND IN JEDER BUCHHANDLUNG ERHÄLTLICH

QUERIDO VERLAG / AMSTERDAM

Der Literaturkritiker, Philosoph und Journalist Ludwig Marcuse emigrierte bereits 1933 nach Frankreich, ließ sich 1938 in den USA nieder und kehrte erst 1963 in den Westen Deutschlands zurück.

seiner Frau, dreißig Dauerlaufrunden um das Haus drehte. Neben der Clique um Feuchtwanger gab es noch eine weitere in Sanary. In ihrem Mittelpunkt stand Thomas Mann, der seinen Aufenthalt in Sanary später als "glücklichste Etappe" seines Exils bezeichnet hat. Die Familie Mann bezog in den Sommermonaten in der Villa La Tranquille Quartier - einem Haus, das ironischerweise der Schwiegermutter des deutschen Botschafters in Ägypten gehörte. Im Juli 1933 schwärmte Thomas Mann von seinem Aufenthalt in einem Brief: "Hier ist jetzt die Sommerhitze auf voller Höhe, aber eigentlich furchtbar wird sie doch nie, da fast immer ein wenig Wind ist, und die Abende sind erquickend. Ich sitze oft bis spät auf der kleinen Veranda vor meinem Arbeitszimmer, rauche meine Cigarre, sehe die Sterne an und bedenke des Lebens Sonderbarkeit."

Am 21.6.1940 vergiftete sich Walter Hasenclever im französischen Internierungslager Les Milles. Durch eine unterbliebene sachgemäße Behandlung starb er am nächsten Tag.

BESUCH VON FREUNDEN

Im Oktober 1933, als Lion und Marta Feuchtwanger von Arnold Zweig und Bertold Brecht besucht wurden, ereignete sich ein Unglück, das um ein Haar mit Feuchtwanger, Brecht und Zweig drei der bekanntesten deutschen Schriftsteller hinweggerafft hätte. Während die drei auf einer unterhalb des Hauses gelegenen Klippe einen gerade niedergehenden Sternschnuppenregen bestaunten, setzte sich ihr Fahrzeug in Bewegung. Das Auto hätte die drei mit Sicherheit in den Abgrund gerissen, wäre nicht Marta, die ein paar Meter oberhalb gestanden hatte, im letzten Augenblick auf das Trittbrett gesprungen und hätte durch das offene Wagenfenster ins Lenkrad gegriffen. Der Wagen überschlug sich sofort und rollte über Martas linkes Bein hinweg. Sie erlitt einen stark blutenden Bein- und Knöchelbruch, der beinahe eine Amputation erforderlich gemacht hätte.

SETE
ST 401051

Am Café Les Deux Garçons führt in Aix-en-Provence kein Weg vorbei. Schon Emile Zola und Paul Cézanne trafen sich hier regelmäßig auf einen Kaffee.

Der Vieux-Port war einst das wirtschaftliche Zentrum von Marseille, heute warten rund um den Alten Hafen zahlreiche Restaurants auf Gäste.

Seite 22/23: Bei Le-Grau-du-Roi mündet eine Abzweigung des Canal du Rhône à Sète in das offene Meer.

Marseille, Frankreichs Tor zum Orient: Seit dem Untergang des französischen Kolonialreichs sind die nordafrikanischen Immigranten aus der größten französischen Hafenstadt nicht mehr wegzudenken.

Seite 26/27: Neobyzantinischer Prunk in Marseille: Die reich verzierte Basilika Notre-Dame-de-la-Garde sticht aber auch wegen ihrer exponierten Lage auf einem Hügel schon von weitem ins Auge.

CÔTE D'AZUR

Statt Blechkarossen fuhren einst Eselkarren über die Corniche (um 1900).

Wohl keine andere Küstenregion der Welt übt seit mehr als zwei Jahrhunderten eine auch nur annähernd starke Anziehungskraft auf Reisende jeder Couleur aus wie die Côte d'Azur. Die Küste hat ihr Gesicht mehrfach verändert, die Touristen halten ihr unvermindert die Treue. Den Anfang machten die Engländer, genau genommen hat aber ein Schotte die Küste bekannt gemacht: Tobias Smollett, ein Arzt und Reiseschriftsteller, gilt als der eigentliche "Entdecker" von Nizza. In seinen 1767 publizierten Reiseaufzeichnungen pries Smollett den britischen Landsleuten die Mittelmeerküste als

das gelobte Land

in dem die Zitronen blühen. Lange Zeit war es nur eine Handvoll, zumeist adeliger Persönlichkeiten, die im Winter aus dem regenverhangenen Norden nach Nizza pilgerten, aber bald wurden es mehr: In Nizza und später in Cannes entstanden luxuriöse Villenviertel und verschnörkelte Hotelpaläste sowie die weltberühmte Promenade des Anglais in Nizza und die Croisette in Cannes. Die Zeiten, als die französische Riviera einer erlesenen Schar von Wintergästen vorbehalten blieb, gehören schon lange der Vergangenheit an; spätestens seitdem 1936 jedem französischen Arbeiter fünfzehn bezahlte Urlaubstage zugestanden wurden, war es mit dem elitären Flair vorbei. Nach dem Ende des Zweiten Weltkriegs mutierte der schmale Küstenstreifen zum begehrten Urlaubs- und Altersdomizil. Stellenweise brachial zersiedelt und hoch industrialisiert ("Californien Frankreichs"), ächzt die Côte d'Azur heute im Würgegriff der Ramschkultur. Die pittoresken Bergdörfer in Küstennähe wie beispielsweise Saint-Agnès, Roquebrune, Eze oder Saint-Paul-de-Vence sind fest in der Hand von Galerien, Souvenir- und Schmuckläden. Im Hinterland sowie in den bis fast an das Meer heranreichenden Seealpen gibt es aber dennoch einsame, vom Tourismus kaum berührte Regionen. Bei einer Wanderung durch das Massif des Maures zur Charteuse de la Verne oder einer Fahrt durch die Schluchten von Daluis und Cians läßt sich eine faszinierende Natur jenseits von Hektik und Menschenmassen entdecken, selbst an der Küste gibt es noch verborgene Abschnitte!

Seite 84/85: Die palmengesäumte "Croisette" ist nach wie vor das Aushängeschild von Cannes.

Ihren heutigen Namen erhielt die französische Riviera erst relativ spät: 1887 hatte Stéphen Liégeard - eine illustre Persönlichkeit, aber nur ein mittelmäßige Dichter - ein Buch unter dem Titel "La Côte d'Azur" publiziert.
Mit überschwenglichen Tönen lobte Liégeard den lieblichen "Küstensaum", den er geographisch noch wesentlich großzügiger faßte als der Küstenabschnitt, der heute unter der Bezeichnung Côte d'Azur verstanden wird.

Roquebrune, ein Ort zum Verlieben.

Nicht nur die Provence stand seit der Jahrhundertwende hoch in der Gunst der Maler. Mindestens genauso viele erwählten sich die Küste zwischen Marseille und Menton zu ihrem Freiluftatelier. Zum Wegbereiter wurde Paul Signac, der "Erfinder" des Pointilismus. Im Jahre 1892 ließ er sich in Saint-Tropez nieder, Camoin, Manguin und Van Rysselberghe folgten nach, später kamen noch Matisse und Bonnard. Manche der dort entstandenen Werke sind im Musée de l'Annonciade in Saint-Tropez ausgestellt. Fast zwangsweise gaben sich die Künstler an der Côte d'Azur ein Stelldichein, denn die Küste "spritzt vor lauter Licht" wie Kurt Tucholsky schrieb. Noch immer ist die Kunst hier zu Hause: Abgesehen von Paris besitzt keine andere französische Stadt mehr Museen als Nizza; zudem zählen die von Pablo Picasso in Vallauris, von Henri Matisse in Vence und von Jean Cocteau in Villefranche-sur-Mer ausgemalten Kapellen zweifellos

"Ich male die Stadt Antibes, eine kleine Festung, die ganz von der Sonne vergoldet ist." (Claude Monet)

Ein wahrer Kunsttempel: Die Fondation Maeght in Saint-Paul-de-Vence.

zu den schönsten Sakralräumen der Moderne.

Ein weiterer Höhepunkt ist die Fondation Maeght in Saint-Paul-de-Vence, eine der faszinierendsten Kulturstiftungen der Welt mit Skulpturen von Joan Miró, Giacometti und Henry Moore.

Im Musée Fernand Léger in Biot dokumentieren rund 300 Exponate den Werdegang des Künstlers.

Wenn von der Kunst die Rede ist, dann darf die Gartenbaukunst nicht fehlen. Trotz der Vielfalt der mediterranen Flora, die im Frühjahr in den kräftigsten Farben leuchtet, hat der Mensch hier und da ein wenig nachgeholfen und die Côte d'Azur nach seinen Vorstellungen gestaltet. Gemeint sind nicht nur die Palmen, die den Uferpromenaden ihren exotischen Touch verleihen, sondern vor allem die traumhaften Gartenanlagen. Dabei sticht vor allem die Résidence Les Colombières hervor: Dieser von Ferdinand Bac, einem Großneffen Napoléons, kurz nach dem Ersten Weltkrieg in Menton angelegte Garten hebt sich von den anderen Parks durch den Verzicht auf jegliches exotisches Beiwerk ab. Bac griff bei der Gestaltung bewußt auf einheimische Pflanzen zurück. Der Garten führt ein unwiderstehliches Nebeneinander von sorgfältig durchdachten Abschnitten mit wild wachsenden Elementen vor Augen. Buchsbaum-

Selbst an der Côte d'Azur kommt es gelegentlich zu heftigen Schneefällen. Im Februar 1955 meldete Antibes eine Schneehöhe von 31 Zentimetern! Erst 1991 wurden dort beachtliche 15 Zentimeter gemessen. Allerdings währt die weiße Pracht an der Küste nicht allzu lange.

hecken und Eiben wechseln sich mit Zypressen und Pinien ab, dazwischen immer wieder Brunnen, Statuen, Wasserbassins und Treppen. Ein anderes imponierendes Beispiel ist der Garten der Fondation Ephrussi de Rothschild auf Cap Ferrat. Dort sind in einem weitläufig terrassierten Areal alle Stilrichtungen der Gartenbaukunst wie in einem Museum vereint: Abgesehen von einem größeren französischen Garten wechseln spanische, italienische, japanische und tropische Gärten einander ab. An jeder Seite der Terrasse öffnen sich dem Besucher raffiniert gesetzte Ausblicke auf das Meer, ein Tempel spendet Schatten und dazwischen träumt ein Ephebe im reflektierenden Wasser. Gartenarchitektur in höchster Vollendung!

Mediterraner Zwergstaat

Monaco - das ist: Steuer- und Spielerparadies, quasi-feudales Regiment neben Hightech, Hautevollée und Formel 1, und zu guter Letzt herrscht permanente Raumnot, denn jeder Ausländer, der in den Genuß der Steuerfreiheit kommen will, muß entweder eine Wohnung im Fürstentum besitzen oder gemietet haben. Wer zum ersten Mal das Fürstentum Monaco besucht, wird wahrscheinlich enttäuscht sein. Angesichts der langweiligen Hochhauskulisse von Monte Carlo ist der Neuankömmling rasch ernüchtert. Gelsenkirchen besitzt mehr Grünanlagen. Allzulange darf man sich aber nicht über einen Zwischenstopp Gedanken machen, sonst ist man schon wieder auf französischem Boden. Der Übergang zum französischen Territorium ist nahtlos, nur die weißen monegassischen Briefkästen erleichtern die Orientierung.

Das Casion ist der Nabel von Monte Carlo.

Monaco hat seine andauernde Blüte drei Faktoren zu verdanken: seit 1863 ist das Glücksspiel erlaubt (in den Nachbarländern verboten); 1868 Anbindung an das Eisenbahnnetz; Steuervorteile für die Einwohner seit 1869.

Noch heute erscheint eine 1887 von Guy de Maupassant gemachte Charakterisierung aktuell: "Dieser erstaunliche Staat, kleiner als ein französisches Dorf, in dem es aber einen absolutistischen Herrscher gibt, Bischöfe, ein Heer von Jesuiten und Seminaristen, welches größer ist als das des Fürsten, eine Artillerie mit einer verrosteten Kanone, ein Protokoll, das strenger ist als einst unter Ludwig XIV., autoritäre Prinzipien, die despotischer sind als die des Preußenkönigs - und all das verbunden mit einer großartigen Toleranz gegenüber den menschlichen Schwächen, die das

Leben des Souveräns, der Bischöfe, der Jesuiten, der Seminaristen, des Heeres und der Richter beherrschen." Die Fürstenfamilie von Monaco ist - gleich nach Lady Diana - ein Lieblingsthema der Regenbogenpresse. Seit Jahr und Tag informieren "Frau mit Herz", "Das Neue Blatt", "Die Aktuelle" und wie sie alle heißen über die kleinen Skandale und großen Affären von Caroline, Stéphanie und Anhang. Früher hielt sich der Adel Hofnarren, um sich zu unterhalten, heute scheint sich das Volk aus dem gleichen Grund Adelige zu halten. Zu der Fürstenfamilie gesellen sich neben den zahllosen Touristen noch rund 30.000 Einwohner, von denen allerdings nur 4.800 die monegassische Staatsbürgerschaft besitzen, ein paar Tausend "Steuerflüchtlinge" und diejenigen, die das Leben im Zwergstaat am Laufen halten.

Abends erholt sich Monte Carlo vom Tagestourismus und offenbart seinen wahren Glanz.

Mit einer Fläche von 1,81 qkm ist das Fürstentum Monaco - nach dem Vatikan - der kleinste souveräne Staat der Welt.

In vielerlei Hinsicht könnte man glauben, die Polizei des Fürstentums habe George Orwells "1984" ihren Dienstvorschriften zugrundegelegt. So besitzt Monaco ein nahezu perfektes Sicherheitssystem, innerhalb von Minuten können die Grenzen abgeschottet werden. Kameras an allen zentralen Plätzen und ein ganzes Bataillon Polizisten sorgen für eine unkomplizierte und wirksame Überwachung des öffentlichen Lebens. Personen, die unangenehm auffallen, werden kurzerhand des Landes verwiesen. Das millionenschwere Publikum weiß es zu schätzen, daß sich hier der eigene Reichtum unbesorgt zur Schau stellen läßt und niemand Anstalten machen wird, der Gattin das Diamantenkollier vom Hals zu reißen. Übrigens profitiert auch der Durchschnittstourist vom fürstlichen Polizeistaat: So sicher wie in Monaco kann er nirgendwo sonst an der Côte d'Azur sein Auto abstellen und sich in aller Ruhe den phantastischen Aquarien des Ozeanographischen Museums widmen.

Socca in Nizza

Nizza ist eine lebendige, attraktive Großstadt mit breiten Boulevards und weit ausgreifenden Vororten. Das Industrieviertel Sophia-Antipolis sowie der stadtnahe Flughafen - übrigens nach Paris landesweit der größte - liegen etwas abseits im Westen der Stadt und haben dazu beigetragen, daß Nizza bis heute das größte Wirtschaftszentrum an der Côte d'Azur geblieben ist. Am der Promenade des Anglais vorgelagerten Kiesstrand oder im historischen Zentrum ist davon allerdings nicht allzuviel zu spüren; gerade dieser ungewohnte Gegensatz zwischen Großstadt und Badeort übt einen beinahe unwiderstehlichen Reiz aus.

Auf dem politischen Sektor genießt Nizza seit mehreren Jahrzehnten zu Recht einen zweifelhaften Ruf: Die Stadt gilt als Hochburg der Korruption und des organisierten Verbrechens. Der langjährige Bürgermeister Jacques Médecin wurde wegen Einkommenssteuerhinterziehung von 20 Millionen Francs und Mißbrauchs öffentlicher Mittel angeklagt und 1992 zu einem Jahr Haft verurteilt.

Der heutige Hafen von Nizza wurde erst in der Mitte des 18. Jahrhunderts von Sträflingen ausgehoben.

In Nizza lebende Engländer brachten 1823 die Mittel für eine erste "Promenade" am Meer auf, ein zwei Meter breiter Weg, als "Camin dei Anglès" bezeichnet. 1844 wurde offiziell die "Promenade des Anglais" daraus und erhielt erst 1931 das heutige Aussehen.

Die Altstadt ist nach wie vor der "Bauch" von Nizza: Den Markttrubel in Vieux Nice sollte man sich keinesfalls entgehen lassen. An den Ständen biegen sich die Tische unter dem reichhaltigen Angebot: Von Früchten, über Pilze, Oliven, Gemüse und Blumen bis hin zu edlen Gewürzen wird alles angeboten, was das Herz begehrt. Rund um den Cours Saleya reihen sich mehrere Stehimbisse, die auf Holzfeuer gebackene Socca feilbieten. Die wagenradgroßen Fladen, ein genauso günstiger wie schmackhafter Magenfüller, bestehen hauptsächlich aus Kichererbsenmehl. Auf dem Cours Saleya wird täglich der berühmte Blumenmarkt zelebriert, aber auch Gemüse und Obst werden vormittags feilgeboten; montags dreht sich alles um Antiquitäten und diversen Nippes. In dem Labyrinth der Altstadtgassen, die nur ein kleines Dreieck zwischen dem Burgberg, der Uferpromenade und den Parkanlagen des Peillon einnehmen, ist die italienische Vergangenheit noch gegenwärtig: Pastellfarbene Häuserfassaden, teilweise mit Fresken und Trompe l'oeils (perspektivische Malerei) geschmückt, von Arkaden gesäumte Plätze und verwinkelte Gassen wissen mit ihrem italienischen Flair zu begeistern.

Mythos Saint-Tropez

"Bei aller Liebe - aber dann schon lieber Neuruppin. ... Am Hafen liegt ein Gewirr von Tauen und Segelleinwand, überall drücken sich Männer herum, es ist schmutzig und dürftig", notierte Kurt Tucholsky im November 1925, kurz nach seiner Ankunft in seinem Tagebuch. Welch ein Unterschied zwischen Einst und Heute! Zweifellos gehört das bunte Treiben in dem Küstenstädtchen heute zu einer der Hauptattraktionen an der Côte d'Azur. "Saint-Trop" ist ein lebendiger Mythos, ein verheißungsvoller Name, ein klischeevoller Ort! Zu Zigtausenden eilen die Touristen herbei, um etwas vom vermeintlichen Glanz der Reichen und Schönen zu erhaschen.

Der Yachthafen von Saint-Tropez ist eine der wichtigsten Stationen für Segler entlang der Côte d'Azur.

Meidet man die von Ostern bis Oktober währende Saison, so präsentiert sich Saint-Tropez als beschaulicher Küstenort - aber dann ist Saint-Tropez eben nicht mehr Saint-Tropez. In der Hochsaison am späten Nachmittag oder frühen Abend nach Saint-Tropez aufzubrechen, heißt, die letzten Kilometer Stoßstange an Stoßstange im dichten Ferienverkehr zu stehen. Auf dem Großparkplatz am neuen Yacht-

*"Kind und Schwester mein,
herrlich würd' es sein,
mit dir fern hin zu entweichen,
dort wo Ebenmaß und Pracht,
Sinneslust und Frieden lacht."*
(Baudelaire)

An kaum einem anderen Platz der Welt, wie an der Côte d'Azur, versammelt sich eine so große Anzahl von prächtigen Yachten und Segelbooten.

hafen stapeln sich die Blechkarossen, und eine nicht abreißen wollende Menschenmenge strömt dem Zentrum entgegen. Am alten Hafen bieten dritt- und viertklassige Landschafts- und Porträtmaler ihre Werke feil, in den Cafés ist auch der letzte Stuhl besetzt, und Mr. Gigolo versucht, die Damenwelt mit dem tiefen, gleichmäßigen Sound seiner Harley-Davidson zu beeindrucken. Ein Schauspiel besonderer Art ereignet sich allabendlich am Hafenkai: Begafft vom "Pöbel" läßt sich die Hautvolée auf ihren an Ozeandampfer erinnernden Yachten von einer livrierten Dienerschaft das Abendessen kredenzen - manch einer wäre glücklich, wenn er nur mit dem Beiboot die Küste entlang schippern könnte. Nirgendwo sonst an der Côte d'Azur läßt sich das Spektakel des Sehen und Gesehen Werdens besser miterleben als in Saint-Tropez; schwungvoll brodelt es rund um den Hafen bis in die frühen Morgenstunden. Das anstrengende Leben gestattet einen Strandbesuch erst am frühen Nachmittag, um sich dort den nötigen Teint und die Kraft für die Freuden der Nacht zu holen... Bevor das Nachtleben mit einem stilvollen Abendessen eingeläutet wird, genehmigt man sich noch einen Café am Hafenkai oder an der Place des Lices und promeniert etwas auf und ab.

Mit der Ruhe und Beschaulichkeit ist es in Saint-Tropez seit 1956 vorbei. Ein Filmteam stieg in einem bescheidenen Hotel mit dem provozierenden Namen "L'Ail du Lit" ab und drehte "Und immer lockt das Weib", jenen Film von Roger Vadim, der Brigitte Bardot zum Weltstar machen sollte. Es kam zu einem Skandal, und Saint-Tropez galt als ein wahres Sündenbabel.

Wer es einrichten kann, sollte unbedingt einmal im Frühjahr oder Spätherbst nach Saint-Tropez kommen. Dann nämlich, wenn die Fremden nur noch paarweise auftreten und sich aus dem gleichmäßigen Lärm wieder das Klackern einzelner Absätze heraushören läßt, zeigt sich in den Gassen und auf den Plätzen das typische Leben einer französischen Kleinstadt. Im Winter sind die gut 6.000 Einheimischen wieder unter sich, zahlreiche Boutiquen, Hotels und Restaurants haben geschlossen, das Leben verläuft wieder in gemächlichen Bahnen, die Pétanque-Spieler gehen unter den Platanen der Place des Lices wieder ungestört ihrem Vergnügen nach.

Das Massif de l'Esterel ist einer der schönsten Abschnitte an der Côte d'Azur.

Gourmets kommen in Saint-Tropez leicht auf ihre Kosten: Märkte und Feinkostgeschäfte wie die Boucherie Ghigo befriedigen selbst erlesene Wünsche.

Unten links: Einem Amphitheater gleich ziehen sich die Häuser von Villefranche-sur-Mer zum Mont Alban hinauf. Der italienisch anmutende Hafen verdient noch immer das Prädikat "pittoresk".

Seite 92/93: Die fjordartig, tief in die Kalksteinfelsen eingeschnittenen Calanques mit ihrem türkis schimmernden Wasser sind die Hauptattraktion der Küste zwischen Cassis und Marseille. Die Calanque d'En-Vau gilt wegen ihrer steil aufragenden weißleuchtenden Felswände als eine der schönsten Buchten.

Oben:
Die im venezianischen Stil errichtete Villa Ephrussi am Cap Ferrat besitzt eine der schönsten Gartenanlagen an der Côte d'Azur.

Unten:
Idyllisches Hafenszenario in Toulon.

Oben:
Im quirligen Saint-Tropez gilt, je größer das Boot, desto höher das Ansehen.

Unten:
Das rötlich schimmernde Massif de l'Estérel sorgt an der Küste zwischen Cannes und Fréjus für faszinierende Farbnuancen.

Unten links:
Savoir vivre in einem Straßencafé in Cassis.

Oben und Unten:
"Die herrlichste Promenade der Küste, des Kontinents. Ich weiß keine, die mit solchem Schwung und solcher Grandezza dem Meer entlang führte." (Klaus Mann)
Die Promenade des Anglais in Nizza wurde zwar bereits im Jahre1844 angelegt, ihr heutiges Aussehen erhielt sie aber erst knapp hundert Jahre später.

Seite 97:
Das Carlton ist nach wie vor die stilvollste Herberge in Cannes. Nach der jüngsten Renovierung (1989 für sage und schreibe 170 Millionen Francs) besitzt das Carlton nun eine Zwölf-Zimmer-Suite mit einem eigenen Fitneßcenter in Marmor verkleideten Räumlichkeiten.

CARLTON HOTEL
CARLTON
INTER• CONTINENTAL

Internationale Filmfestspiele von Cannes

Wenn alljährlich im Mai das Kameraklicken der Paparazzi die Ankunft der aufgedonnerten Stars und Starlets auf der Croisette untermalt, ist es wieder soweit: Zwei Wochen lang hält der internationale Showzirkus medienwirksam in Cannes hof. Produzenten und Verleiher, Filmkritiker und Regisseure, tiefdekoltierte

Laufsteg der Schönen und Reichen: Die 20jährige Sophia Loren mit ihrem Ehemann Carlo Ponti während der Filmfestspiele 1955.

Damen und Dutzende von Kinostars treffen sich auf diversen Partys zwecks Smalltalk und hartem Business. Fast könnte man meinen, daß der Wettbewerb um die "Goldene Palme" als bloße Staffage zur Nebensache degradiert ist und sich nur die wahren Enthusiasten für die mehr als 300 gezeigten Filme interessieren. Für die Filmkritiker sind die Filmfestspiele alles andere als ein leichtes Los: Wer jeden Tag mehrere Filme zu verfolgen hat, steht nach zwei Wochen kurz vor dem Zelluloiddelirium. Doch an Cannes führt in der Kinobranche kein Weg vorbei.

Dabei hatten die Filmfestspiele von Cannes anfangs einen überaus schlechten Start: 1939 als Gegenveranstaltung zu dem von Mussolini dominierten Filmfestival von Venedig gegründet, fiel die Veranstaltung erst einmal regelrecht ins Wasser, denn just am Eröffnungstag der Filmschau befahl Hitler den Einmarsch in Polen. Erst nach Kriegsende wurden die Filmfestspiele ein zweites Mal ins Leben gerufen: Anfänglich im zweijährigen Rhythmus, ab 1950 dann Jahr für Jahr, präsentierte sich Cannes als das Mekka des Films. Es klingt heute seltsam, doch in den Anfangsjahren verirrten sich nicht allzu viele Gäste nach Cannes, die Einheimischen stellten noch den größten Teil der Zuschauer. In den fünfziger Jahren ging es dann steil bergauf: Gina Lollobrigida, Gary Cooper, Sophia Loren, Cary Grant, Kirk Douglas und Orsen Welles verliehen dem Festival einen besonderen Touch. Im Sog der Stars kamen dann die Starlets: Eine junge Engländerin namens Simone Silva stolzierte 1954 als erste barbusig über die Croisette - statt des erhofften Filmangebots mußte sie

Posieren für Fotografen: Brigitte Bardot - jung und verführerisch, am Anfang ihrer Karriere zu einem nationalen Mythos.

Nicht nur durch die Filmfestspiele von Cannes hat sich der Süden Frankreichs einen festen Platz in der Kinogeschichte erobert. Der Bahnhof von La Ciotat diente beispielsweise als erster Drehort der Filmgeschichte. Im Jahr 1895 filmten dort die Brüder Lumière mit großem Erfolg die Ankunft eines Zuges (L'Entrée du train en gare de La Ciotat). Später waren es dann Alfred Hitchcock mit "Über den Dächern von Nizza" und Roger Vadim, die die Côte d'Azur als ideale Filmkulisse entdeckten; letzterer machte durch "Und immer lockt das Weib" Brigitte Bardot zum Superstar. Als Grace Kelly kurze Zeit später von den Dächern Nizzas ins fürstliche Gemach nach Monaco wechselte, war die Scheinwelt des Kinos gar zur glitzernden Wirklichkeit geworden. Bis heute ist der Midi eine beliebte "Filmkulisse" geblieben, man denke nur an "Ein mörderischer Sommer" mit Isabelle Adjani oder auch an den weniger spektakulären Film "Vogelfrei" von Agnes Varda, der die Problematik der im Winter in den Süden ziehenden Clochards thematisierte und zudem einmal die Provence im tristen Wintergrau zeigte.

jedoch eine Rüge von der Festivalleitung einstecken. Im Mai '68 hielt die Revolution Einzug: Truffaut, Godard und Louis Malle besetzten die Vorführräume; in den nächsten Jahren verlagerte sich der Schwerpunkt des Filmfestivals auf Filme mit politischem oder künstlerischem Wert. Heute steht die kommerzielle Seite der Filmfestspiele entschieden im Vordergrund: Allein die funktionelle Betonburg des 1982 errichteten Palais des Festival wirkt unheimlich ernüchternd. Die Augen der Produzenten und Verleiher sind auf möglichst hohe Einspielquoten gerichtet, die künstlerische Qualität ist zweitrangig. Wer anspruchsvolle Kinokost sehen will, muß die Vorführungen der außer Konkurrenz laufenden Filme besuchen.

Um die Jahrhundertwende war die Croisette noch nicht Tummelplatz der Stars und Starlets.

Während der Festivaltage sind Hotels an der Croisette restlos ausgebucht. Hier finden die Verhandlungen zwischen Produzenten und Verleihern statt, die wichtiger sind als ein Besuch der Vorführungen im "Palais des Festival".

Oben und rechts:
Neben den gigantisch anmutenden Hochhausfassaden sind in Monaco noch stille, verträumte Winkel zu finden.

Unten:
Einfallsreiche Wandmalereien lockern das elegante Flair der Promenade des Anglais in Nizza auf.

Die Iles d'Hyères sind geologisch betrachtet mit dem Massif des Maures verbunden; erst der Anstieg des Meeresspiegels machte die höchsten Erhebungen des kleinen Gebirgszugs zu Inseln. In der Antike wegen ihrer geradlinigen Anordnung unter dem Namen Steochaden bekannt, erhielt das Archipel aufgrund des im Sonnenlicht metallischglänzenden Gesteins wahrscheinlich später das Attribut Iles d'Or, die Goldenen Inseln.

Während der Saison ist auf Port-Cros einiges geboten: Rund 600.000 Ausflügler besuchen jedes Jahr die Insel. Erst wenn am Abend das letzte Boot abgelegt hat, gehört die Insel den wenigen Einheimischen und den Gästen, die die 25 Zimmer des einzigen Inselhotels bewohnen.

Diejenigen, die die Küste der Côte d'Azur in erster Linie als überdimensionale Sonnenbank nutzen, übersehen allzu oft, über welch einzigartige Naturressourcen der Küstensaum verfügt.

Oben:
In den optisch ansprechenden Räumlichkeiten des ehemaligen Grimaldi-Schlosses in Antibes präsentiert das Musée Picasso seine exquisite Sammlung. Die Terrasse ist mit Statuen von Richier gesäumt.

Unten:
Villa der Fondation Ephrussi de Rothschild.

Das Baptisterium in der Cathédrale von Fréjus zählt zu den ältesten Sakralbauten Frankreichs.

Die im venezianischen Stil errichtete Villa der Fondation Ephrussi de Rothschild war von vornherein weniger zum Wohnen denn als Museum konzipiert. Die mit erlesenen Einzelstücken angefüllten Räumlichkeiten lassen den Wohlstand der Familie Rothschild deutlich erahnen. Eine Vorliebe für das 18. Jahrhundert ist dabei nicht zu übersehen.

Das Restaurant "Au Fil à la Pâte" in Ramatuelle ist bekannt für seine köstlichen Teigwaren.

Mit einer Harley vor dem Café vorzufahren, schindet Eindruck: Statussymbole spielen an der südfranzösischen Küste eine unverändert große Rolle.

BAR CANAILLE
GLACIER COCKTAILS
BAR CANAILLE
GOLD KANTERBRAU
Chez César
42.01.75.47
L' OUST

HAUTE
PROVENCE –
DIE ETWAS
HERBERE
VARIANTE

Rund um Valensole erstrecken sich zahllose Lavendelfelder.

Die Landschaft in dem an die Seealpen grenzenden nördlichen Teil der Provence ist spröder, die Menschen ein Stück weit verschlossener; doch nicht nur die verknöcherten Olivenbäume, Weinstöcke und Lavendelfelder erinnern an die Zugehörigkeit zum mediterranen Kulturraum. Einen Gegensatz zum typischen touristischen Bild der Provence bilden die zahlreichen, kaum besiedelten Regionen der Haute Provence, zum Beispiel die Montagne de Lure, ein sich in west-östlicher Richtung erstreckender Gebirgszug, dessen Kammhöhen in rund 1300 bis 1800 Meter Höhe verlaufen. Eine kleine Straße schlängelt sich von Sisteron kommend in steilen Serpentinen bis fast zum Signal de Lure empor - oben angekommen ist der 1826 Meter hohe Gipfel in wenigen Minuten erreicht. Die Südseite läuft langsam in Richtung Saint-Etienne und Forcalquier aus. Je höher man im Lure-Gebirge hinauf kommt, desto karger und rauher wird die Landschaft, Wacholderheiden und dürftig bewachsene Geröllfelder dominieren. Trotz des strengen Charakters stellt der Gebirgszug eine ideale Wanderregion dar. In der ersten Hälfte des 20. Jahrhunderts bevölkerten noch große Ziegen- und Schafherden die menschenleeren Hochweiden am Montagne de Lure. Verfallene Schäferhäuschen und Tränken zeugen noch von ihrer Anwesenheit. Die Tiere kehrten in die sattere Ebene zurück, sobald die bergigen Weideplätze kahl gefressen waren.

Nicht nur für Parfüm, auch für Honig ist Lavendel Grundlage.

"Von der Höhe des Lure sieht man die ganze magische Haute Provence vor sich ausgebreitet: Das ganze Land des Lavendels, des Gestrüpps, das von alters her genutzt wird, raucht, schnarcht, brummt, schläft und wird flach im Wind." (Jean Giono)

Jean Giono, der »Vergil der Provence«,

fand in dieser archaisch-mystischen Landschaft seine geistige Heimat. Der wohl bekannteste provençalische Schriftsteller (1895 - 1970), blieb zeitlebens seiner im Tal der Durance gelegenen Geburtsstadt Manosque treu; viele seiner Romane spielen in der näheren Umgebung. Erst 1995 wurde in Manosque Jean Gionos Roman "Der Husar auf dem Dach" mit Juliette Binoche und Oliver Martinez in den Hauptrollen und Gerard Depardieu als wirren Polizeikommisar in einer Nebenrolle verfilmt. Die Produktion - eine der teuersten in der französischen Kinogeschichte - verschlang umgerechnet knapp 60 Millionen Mark und sorgte für eine europaweite Giono-Renaissance.

Manosque, Forcalquier und Sisteron sind zusammen mit Digne-les-Bains die urbanen Zentren einer größtenteils landwirtschaftlich geprägten Region mit pitto-

Seite 108/109: Die Dominikanerkirche Sainte-Madeleine in Saint-Maximin-la-Saint-Baume ist die größte der wenigen gotischen Kirchen in der Provence. Beeindruckend ist das schmucklos strenge Innere der dreischiffigen Basilika.

Der Dompropst von Digne, Pierre Gassendi (1592 - 1655), seines Zeichens Theologe, Historiker und Mathematiker, beeinflußte auch das Denken von Charlten, Locke und Newton.

Wie seit Anbeginn der Zeiten: Sonnenuntergang über dem Grand Canyon du Verdon.

resken Dörfern wie Banon, Simiane la Rotunde oder Lurs. Das gesamte Département Alpes de Haute Provence ist spärlich besiedelt, gerade mal gut 130.000 Menschen leben dort. Eine wichtige Lebensader ist seit je her das Tal der Durance; schon die römische Via Domitia, die damalige Hauptverkehrsstraße, führte entlang des Flusses, der bis vor ein paar Jahrzehnten, als sein Zufluß noch nicht über das mächtige Stauwehr des Lac de Serre-Ponçon kontrolliert werden konnte, immer wieder über seine Ufer trat. Dem berühmten römischen Geographen Strabo zufolge war die Via Domitia "im Sommer ausgezeichnet; sie ist jedoch im Winter und Frühjahr infolge Überschwemmungen durch die Wasserläufe ein Sumpfloch, das man teils durch Fähren, teils über Holz- und Steinbrücken überquert". Ein wichtiger Zufluß der Durance ist der Verdon, der sich in Jahrmillionen ein atemberaubendes Bett gegraben hat.

Der Verdon entspringt westlich des Nationalparks von Mercantour im Massif des Trois Evêches. Durch den Zufluß mehrerer Wildbäche und das starke Gefälle schwillt der in etwa 2800 Meter Höhe entsprungene Verdon schnell zu einem reißenden Gebirgsfluß an, der mehr als 800 Kubikmeter Wasser pro Sekunde herunterspülen kann - wären da nicht die Staustufen.

Wie eine gewaltige Wunde

klaffen die Gorges du Verdon in der Erdoberfläche. In schwindelerregender Tiefe schlängelt sich der Fluß wie ein jadegrünes Band durch die Schlucht. Bis zu 700 Meter tief grub sich der Verdon in den weichen Jura-Kalk, ehe er nach einundzwanzig Kilometern in den Lac de Sainte-Croix mündet. Bevor die Wassermassen durch den Bau der Staustufen reguliert werden konnten, war es ein nahezu unmögliches Unterfangen, den Canyon zu durchqueren. Erst 1905 gelang dem französischen Höhlenforscher Eduard Alfred Martel die Erkundung des Grand Canyon du Verdon. Der Name erinnert zwar an sein amerikanisches Pendant, doch lassen sich beide eigentlich nur schwerlich vergleichen. Der Grand Canyon du Verdon ist kleiner, besitzt dafür aber eine wesentlich üppigere Vegetation. Die Schönheit des Grand Canyon du Verdon hat auch ihre Nachteile: Im Juli und August drängeln sich Touristen in Scharen auf den Panoramastraßen rund um den Canyon; an den Felswänden kleben die Kletterfreaks, andere Wagemutige stürzen sich an der Pont de l'Artuby mit dem Bungee-Seil 182 Meter in die Tiefe, Wanderfreunde ziehen zu Hunderten durch die Schlucht. Mit anderen Worten: Es ist im Hochsommer beinahe unmöglich, sich ausschließlich der Anmut des Canyons zu widmen.

Die abgeernteten Lavendelfelder um Valensole.

Ruhe und Einsamkeit findet man an vielen Stellen in der Haute Provence.

Die Brücken über die Täler der Haute Provence sind ein Paradies für Bungee-Springer.

Der Durance-Durchbruch von Sisteron gilt als das Tor zur Provence.

Mitte unten: Die Gegend um den Grand Canyon du Verdon zählt zweifellos zu den beeindruckendsten Naturerlebnissen im Süden Frankreichs.

Mitte oben:
Die einschiffige romanische Kapelle von Moustiers-Sainte-Marie diente ursprünglich als Klosterkirche, ihr Inneres birgt zahlreiche Votivtafeln.

Moustiers-Sainte-Marie-ein Ort wie aus dem Bilderbuch!
Vor einer steil aufragenden Felskulisse drängen sich mehrere Dutzend alter Häuser auf engem Raum zusammen. Über einen steilen Kreuzweg erreicht man die schön über dem Ort gelegene kleine Wallfahrtskirche Notre-Dame-de-Beauvoir.

Grasse, das "Rom der Düfte" (Patrick Süskind), ist noch immer das Mekka der Parfumeure. Weniger bekannt ist dagegen die überaus reizvolle mittelalterliche Altstadt.

Mitte unten: Das Tal der Durance ist seit römischer Zeit die Lebensader der Haute-Provence. Stattliche Gehöfte wie hier bei Sisteron prägen das Landschaftsbild.

Valensole ist ein kleiner, unspektakulärer Zweitausend-Seelenort, die Häuser drängen sich um einen Hügel, obenauf die Kirche. Erkundungen der Umgebung sind vor allem im Juli und August reizvoll, denn das Hochplateau von Valensole besitzt die ausgedehntesten Lavendelfelder der Provence.

Lavendel

Grasse war über Jahrhunderte die Hauptstadt der Parfümherstellung. Neben Lavendel wurden auch andere Pflanzen verarbeitet.

Blauviolett blühende Lavendelfelder, dazwischen optische Akzente setzende Olivenbäume - dies entspricht zweifellos dem provençalischen Postkartenklischee schlechthin! Doch auch in Wirklichkeit betören die ausgedehnten Lavendelfelder der Provence Augen und Nase gleichermaßen, wenngleich es sich - streng gesehen - zumeist nicht um echten Lavendel (lat. Lavandula spica), sondern um Lavandin handelt. Lavandin ist ein Lavendelhybrid, also eine Kreuzung zweier Lavendelarten, und leichter zu kultivieren und zudem ertragreicher als der echte Lavendel. Lavandin wird in größerem Maßstab erst seit den dreißiger Jahren des 20. Jahrhunderts auf trockenen, kalkhaltigen Böden in einer Höhe zwischen 400 und 600 Metern angebaut, während der echte Lavendel auch noch in weit höheren Lagen gedeiht.

Die weiten Lavendelfelder geben der Provence ihr ursprüngliches Gesicht.

Geerntet wird Anfang September, wenn dank der sommerlichen Temperaturen die ätherischen Öle im Haarflaum der Pflanzenhäute und in der Blüte ihre höchste Konzentration erreicht haben. Seit den siebziger Jahren ernten die Bauern den Lavendel fast ausschließlich maschinell; in den Genossenschaftsdestillerien wird dann der Lavendel erhitzt, um die ätherischen Öle zu gewinnen - ein Verfahren, das bereits im sechzehnten Jahrhundert angewendet wurde. Rund 200 Kilogramm Blüten sind nötig, um einen Liter Lavendelessenz zu extrahieren. Ein Hauptabnehmer der Ernte waren und sind die Parfümhersteller im nahen Grasse. In den achtziger Jahren belief sich die Jahresproduktion in der Provence noch auf rund 700 Tonnen Lavandin- und 100 Tonnen Lavendelessenz, doch mittlerweile ist die Produktion stark rückläufig; auf dem Seifen- und Parfümmarkt hat der Lavendel einen schweren Stand gegen die harte Konkurrenz der synthetischen, und daher weitaus günstiger herzustellenden Duftstoffe.

Die Zentren des Lavendelanbaus sind im Osten des Mont Ventoux rund um das Städtchen Sault und in der Haute Provence zu finden. Nordöstlich des Lac de Sainte-Croix, auf dem Hochplateau von Valensole, erstrecken sich die ausgedehntesten Lavendelfelder der Provence. Von Forcalquier

Valensole - eine kleine Ortschaft an der nördlichen Grenze der Haute Provence.

HEILPFLANZE UND KÜCHENKRAUT

Abgesehen von seiner Verwendung als Duftstoff wird Lavendel seit langem als Heilkraut sowie als Gewürz geschätzt. Bei nervösen Spannungen und Schmerzen kann eine Massage oder ein heißes Bad mit Lavendelöl Linderung verschaffen. Bei Kopfschmerzen träufelt man entweder ein paar Tropfen Lavendelöl auf Stirn und Schläfen oder bereitet sich aus Lavendelblüten einen köstlichen Tee. Eine besondere Spezialiät ist der Lavendelhonig, doch eignet sich Lavendel selbst auch zur Verfeinerung von Süßspeisen; ein beigelegter frischer Lavendelzweig verleiht einem provençalischen Lammbraten ein ganz spezielles Aroma, zudem wird dem Lavendel eine wohltuende Wirkung auf den Darmtrakt nachgesagt. Bei Bedarf lassen sich auch Essig und Speiseöl durch das Einlegen eines frischen Lavendelzweigs veredeln.

aus kann man eine Rundfahrt auf der Route de la Lavande unternehmen und verschiedene Destillerien besichtigen. Ein überaus reizvolles Unterfangen:
Die gesamte Region ist auch eine gewisse Zeit nach der Ernte noch vom Lavendelduft erfüllt; da die Felder maschinell abgeerntet werden, wird nämlich relativ viel übersehen. Eine schnelle Nachlese und das ganze Auto ist erfüllt vom reinen Duft alter Wäscheschränke. Nicht grundlos leitet sich das Wort Lavendel von dem lateinischen lavare, "waschen", ab.

Da der Grand Canyon du Verdon weitgehend in ost-westlicher Richtung verläuft, sind die Lichtverhältnisse am besten, wenn man morgens in Castellane aufbricht und nachmittags nach einem erfrischenden Bad im Lac de Sainte-Croix wieder zurückfährt. Rund 300 Meter tief hat sich der Verdon in den Fels gefressen - damals führte der Fluß allerdings noch 200mal mehr Wasser als heute. Von einer idyllischen Paddeltour wäre wohl abzuraten gewesen.

Seite 118/119: Das hoch über dem Lac de Sainte-Croix gelegene Dorf Aiguines wird von einem pittoresken, von vier Türmen flankierten Renaissanceschloß dominiert. Unterhalb von Aiguines trifft man auf ein beeindruckendes Naturszenario: die schmale Verdonschlucht mündet bei der Galetas-Brücke in einen großen Talkessel.

Der Grand Canyon läßt sich bequem mit dem Auto in einem Tag umrunden. Auch Touristen, die weniger Zeit haben, kommen nicht zu kurz: Auf der Nord- wie auf der Südseite gilt der Grundsatz: Panoramablicke sind garantiert!

Himmlische Ruhe über dem Lac-de-Sainte-Croix.

Ur- und Frühgeschichte
Die französische Mittelmeerküste und ihr Hinterland zählen zu den ältesten Siedlungsgebieten der Menschheitsgeschichte. In den Grimaldi-Grotten im Osten von Menton wurden nicht nur Werkzeuge aus der mittleren Steinzeit gefunden, sondern zudem zahlreiche Skelette des Crô-Magnon-Menschen, einem Jäger und Früchtesammler, der als direkter Vorfahre des homo sapiens gilt.

Vor 6500 Jahren
Erste bäuerliche Ansiedlungen in der Provence. In Courthezon im Rhônetal zwischen Orange und Avignon wurde das älteste bekannte Bauerndorf Frankreichs - Spuren von Getreideanbau konnten eindeutig nachgewiesen werden - entdeckt. Es handelt sich um eine Gruppe von Hütten mit jeweils rund fünfzehn Quadratmeter Grundfläche.

620 v. Chr.
Im Rahmen der griechischen Kolonisation, die die Griechen zuvor schon an die Küsten Kleinasiens, Süditaliens und Siziliens führte, gründen die Bewohner der ionischen Stadt Phokaia Massalia oder Massilia - das heutige Marseille. In den nächsten Jahrzehnten entstehen an der französischen Mittelmeerküste weitere griechische Städte, darunter auch Monoecus (Monaco) und Theline (Arles), später kommen mit Nicaea (Nizza), Antipolis (Antibes), Olbia (Hyères), Tauroentum (Sanary-sur-Mer) und zahlreiche Handelsniederlassungen hinzu.

2. Jahrhundert v. Chr.
Die Römer eilen den von der keltoligurischen Urbevölkerung bedrängten Griechen erfolgreich zur Hilfe und gründen unterhalb des Oppidums Entremont die Stadt Aquae Sextiae, das heutige Aix-en-Provence. Teile Südfrankreichs wurden im Jahre 121 v. Chr. schließlich zur römischen Provinz erklärt (daher auch der Name Provence) und zügig romanisiert.

410
Der heilige Honoratius zieht sich mit ein paar Anhängern auf eine kleine, dem heutigen Cannes vorgelagerte Insel zurück, und gründet dort ein Kloster, das alsbald zu einem Zentrum des religiösen Lebens in Gallien und weit darüber hinaus werden sollte.

471
Im Zuge der Völkerwanderung erobern die Westgoten Arles, wenige Jahre später werden sie von den Burgundern, und diese wiederum von den Ostgoten in ihrer Vormachtstellung abgelöst.

537
Nach dem Sturz von Theodahat verdrängen die Franken die Ostgoten und gewinnen dadurch erstmals einen eigenen Zugang zum Mittelmeer. Die Franken profitieren ungemein von dieser Mittelmeerpforte: Über die Rhônetalstraße gelangt die geistige und materielle Kultur der Mittelmeerländer in das fränkische Gallien. Die Provence bewahrt sich dennoch eine relative Eigenständigkeit.

736
Der fränkische Hausmeier Karl Martell zieht mit einem Heer in die unter arabischem Einfluß stehende Provence und setzt dort ihm treu ergebene Grafen ein. Noch zwei weitere Feldzüge - mit langobardischer Unterstützung - sind vonnöten, um die fränkische Oberhoheit endgültig zu festigen.

879
Boso von Vienne begründet im Süden Frankreichs ein neues Herrschaftsgebilde. Das neue Königreich Provence (Arelat) verleibt sich ein paar Jahrzehnte später das Königreich Burgund ein.

972
Der Hauptstützpunkt der Sarazenen, die Festung Fraxinetum im Hinterland von Saint-Tropez, wird zerstört. Damit finden die Plünderungen und Verwüstungen der Küstenregion ein Ende.

Um 1140
Gründung der Zisterzienserklöster von Le Thoronet, Silvacane und Sénanque.

12. Jahrhundert
Die Provence fällt an den Grafen von Toulouse, später an die Grafen von Barcelona.

1305
Bertrand de Got, der Erzbischof von Bordeaux, wird als Clemens VI. zum Papst gekürt. Vier Jahre später wählt er Avignon zu seiner "vorläufigen" Residenz. Bis 1377 lösen sich insgesamt sieben römische Päpste auf dem heiligen Stuhl in Avignon ab, hinzu kommen noch zwei Gegenpäpste, die nach dem Schisma gewählt, und daher von der katholischen Kirche nicht anerkannt werden.

1388
Die Grafschaft Nizza fällt an den aufstrebenden Grafen von Savoyen.

1480
René von Anjou stirbt in Avignon; sein Neffe Karl III. von Maine kann sich nur eineinhalb Jahre an seinem Erbe erfreuen, dann folgt er seinem Onkel in den Tod. Ein entfernter Verwandter, der französische König Ludwig XI., erbt die Provence laut Testament.

16. Jahrhundert
Im Zeitalter der Religionskriege wird die Provence in die französischen Glaubenskämpfe involviert. Zwar ist die Region größtenteils katholisch, doch bilden sich im Lubéron und im Tal der Durance protestantische Gemeinden. 1545 kommt es zu einem Massaker an den im Lubéron lebenden Waldensern; im Gegenzug verwüsten Bauernaufstände mehrfach, vor allem 1571, das Land, Preissteigerungen sowie vagierende Räuberbanden treiben ihr Unwesen.

1720/21
Rund 40.000 Menschen sterben in Marseille während einer schweren Pestepidemie; es ist das letztes Mal, daß Europa vom "Schwarzen Tod" heimgesucht wird.

Das Château de Tarascon gilt als eine der schönsten und besterhaltensten Burgen Frankreichs.

Geflochtene Säulen schmücken den Kreuzgang der Cathédrale Saint-Sauveur in Aix-en-Provence.

Der Wunsch nach dem Zweitwohnsitz im Süden hält an: Verlassene Landhäuser sind selten geworden.

ab 1765
Verstärkt fahren englische Aristokraten aus dem regenverhangenen Norden in das gelobte Land, "wo die Zitronen blühen", um in dem milden Klima den Winter zu verbringen. Niemand ahnt, daß dies die ersten Vorboten einer neuen "Völkerwanderung" sind. Schon bald entstehen ganze Villenviertel, tropische Pflanzen werden akklimatisiert und weitläufige Gärten angelegt.

1793
Im Windschatten der Revolution beginnt der Aufstieg eines kleinen korsischen Leutnants namens Napoléon Bonaparte: 1793 macht er von sich reden, als er die englische Besatzung von Toulon, dem bedeutendsten französischen Militärhafen am Mittelmeer, erfolgreich beendet. Zum Dank für diesen unerwarteten Sieg wird Napoléon in den Generalsrang erhoben.

1815
Napoléon flieht von Elba und landet am 1. März bei Cannes an der südfranzösischen Küste. Innerhalb einer Woche dringt er über Grasse nach Grenoble vor. Am 20. März zieht er unter Beifallsstürmen in Paris ein.

1860
Die Grafschaft Nizza fällt per Volksabstimmung an Frankreich.

1887
Stéphen Liégeard publiziert ein Buch mit dem Titel "La Côte d'Azur". In wenigen Jahren setzt sich dieser Name für den lieblichen Küstensaum zwischen Hyères und Menton im allgemeinen Sprachgebrauch durch.

1904
Frédéric Mistral erhält den Literaturnobelpreis für sein in provençalischer Sprache geschriebenes Versepos "Mireilles".

1933
Südfrankreich wird zum begehrten Fluchtort deutscher Intellektueller. In Sanary-sur-Mer und in Nizza entsteht eine regelrechte Kolonie deutschsprachiger Exilanten.

November 1942
Nach dem Einmarsch der Alliierten in Nordafrika hebt Hitler die bis dato "freie" Zone auf; für ein knappes Jahr fungieren italienische Soldaten als Besatzer, bevor nach der Kapitulation Italiens die Deutschen an ihre Stelle treten.

15. August 1944
Alliierte Truppen landen an einem rund 50 Kilometer breiten Küstenabschnitt im Osten Toulons und beginnen mit der Befreiung von Südfrankreich.

1962
Das Ende des algerischen Unabhängigkeitskrieges zieht einen massenhaften Zuzug von Algerienfranzosen, den sogenannten "Pieds noirs" (Schwarzfüße), nach sich. Rund eineinhalb Millionen seit Generationen in Nordafrika ansässiger Franzosen werden quasi über Nacht an die Häfen ihres Mutterlandes gespült.

1991
Der Tauchlehrer Henri Cosquer entdeckt bei Cassis in einer Grotte 18.000 bis 27.000 Jahre alte Felsmalereien.

1995
Landesweiter Aufschrei, da die rechtsradikale Front National nach den Kommunalwahlen in den Rathäusern von Toulon, Orange und Marignane den Bürgermeister stellt.

Der Sandstrand an der Croisette in Cannes ist künstlich: 125.000 m³ Sand mußten hierzu herangekarrt werden.

Am Mittelmeer ist die Camargue der beliebteste Nistplatz der rosaroten Flamingos.

Mende
Rhône
Alès
Anduze
Vezenobres
FRANKREICH
Pont du Gard
Quissac
Ganges
Nîmes
Beaucaire
Tarascon
Rhône
St.-Gilles
Arles
Montpellier
Aigues-Mortes
Le Grau-du-Roi
Camargue
Port de Fos
Les-Saintes-Maries-de-la-Mer
Salin-de-Giraud
Bézieres
Mittelmeer
N

Alpes-de-Haute-Provence
ITALIEN
Sisteron
Colmars
St.-Martin-Vésubie
Mont Ventoux
Château-Arnoux
Digne
Alpes-Maritimes
-du-Pape
Carpentras
St.-Etienne
Durance
Barrême
PROVENCE
Fontaine-de-Vaucluse
Sénanque
Verdon
Entrevaux
MONACO
L'Isle-sur la-Sorgue
Gordes
Vaucluse
Menton
Roquestéron
Roussillon
Moustiers-Ste.-Marie
Castellane
Manosque
Valensole
Grand Canyon du Verdon
Nizza
Monte Carlo
Villefranche
Durance
Lourmarin
Rhône
Silvacane
St.-Paul-lès-Durance
Aups
Var
Grasse
Antibes
Cannes
Salon-de-Provence
Draguignan
Miramar
Montagne Ste.-Victoire
La Croix de Provence
Aix-en-Provence
Fréjus
St.-Raphaël
Côte d'Azur
Le Thoronet
St.-Maximin-la-Ste.-Baume
Port Grimaud
Martigues
Marseille
St.-Tropez
Cassis
La Ciotat
Bandol
Hyères
Toulon
Sanary-sur-Mer
îles d'Hyères

Z

Impressum

LOOK – Die Bildagentur der Fotografen
ist ein Zusammenschluß von derzeit 20 renommierten Fotografen. Erst vor wenigen Jahren gegründet, zählt die Fotografengemeinschaft aufgrund ihres anspruchsvollen Bildangebotes mittlerweile zu einer der führenden Agenturen in Deutschland.
So vielseitig wie die Fotografen sind auch ihre Themen (Reise, Sport, Wildlife, Reportage, Mode, etc.) und deren fotografische Umsetzung.

Die an der **LOOK/Stürtz-Bildbandreihe** beteiligten Fotografen zählen zu den besten in ihrem Metier. Lange Reisen in die jeweiligen Länder oder Städte sind Garant für stimmungsvolle Landschafts- und Architekturaufnahmen und bieten einen umfassenden Einblick in die kulturellen Besonderheiten.

LOOK – Die Bildagentur der Fotografen
Kapuzinerstraße 9 D
80337 München
Tel. 089 / 544 233-0
Fax 089 / 544 233-22

Bildnachweis
Archiv für Kunst und Geschichte, Berlin:
S. 20 links, S. 20 rechts oben, S. 20 rechts Mitte, S. 20 rechts unten, S. 21 rechts oben, S. 21 rechts Mitte, S. 21 Mitte unten, S. 20/21 Hintergrundbild, S. 40 rechts oben, S. 40 rechts unten, S. 41 rechts oben, S. 41 links oben, S. 41 rechts Mitte, S. 41 links unten, S. 40/41 Hintergrundbild, S. 76 rechts unten, S. 77 rechts Mitte, S. 98 rechts, S. 98 links, S. 99 links oben, S. 98/99 Hintergrundbild, S. 116 rechts oben, S. 117 oben.
Verlagsarchiv:
S. 40 rechts Mitte, S. 65 oben, S. 76 rechts oben, S. 86 oben, S. 99 rechts oben.

Buchgestaltung
Matthias Kneusslin, hoyerdesign, Freiburg

Karte
grafis, Dortmund

Genehmigte Lizenzausgabe für
Verlagshaus Würzburg GmbH & Co. KG, Würzburg 2001

Repro: Rete GmbH, Freiburg
Druck: Konkordia GmbH, Bühl
Verarbeitung: Josef Spinner GmbH, Ottersweier
ISBN 3-8003-0781-2